AF356865

VENTE

Du Samedi 2 Décembre 1899

HOTEL DROUOT, SALLE Nº 9

à 2 h. 1/2 précises

TABLEAUX

AQUARELLES, DESSINS, PASTELS

ET

ESTAMPES

Mᵉ LÉON TUAL, commissaire-priseur

M. MOLINE, expert

Paris, 1899

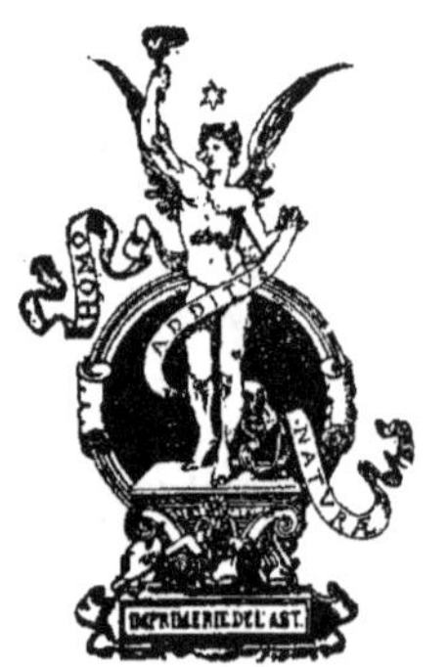
IMPRIMERIE DE L'AST.

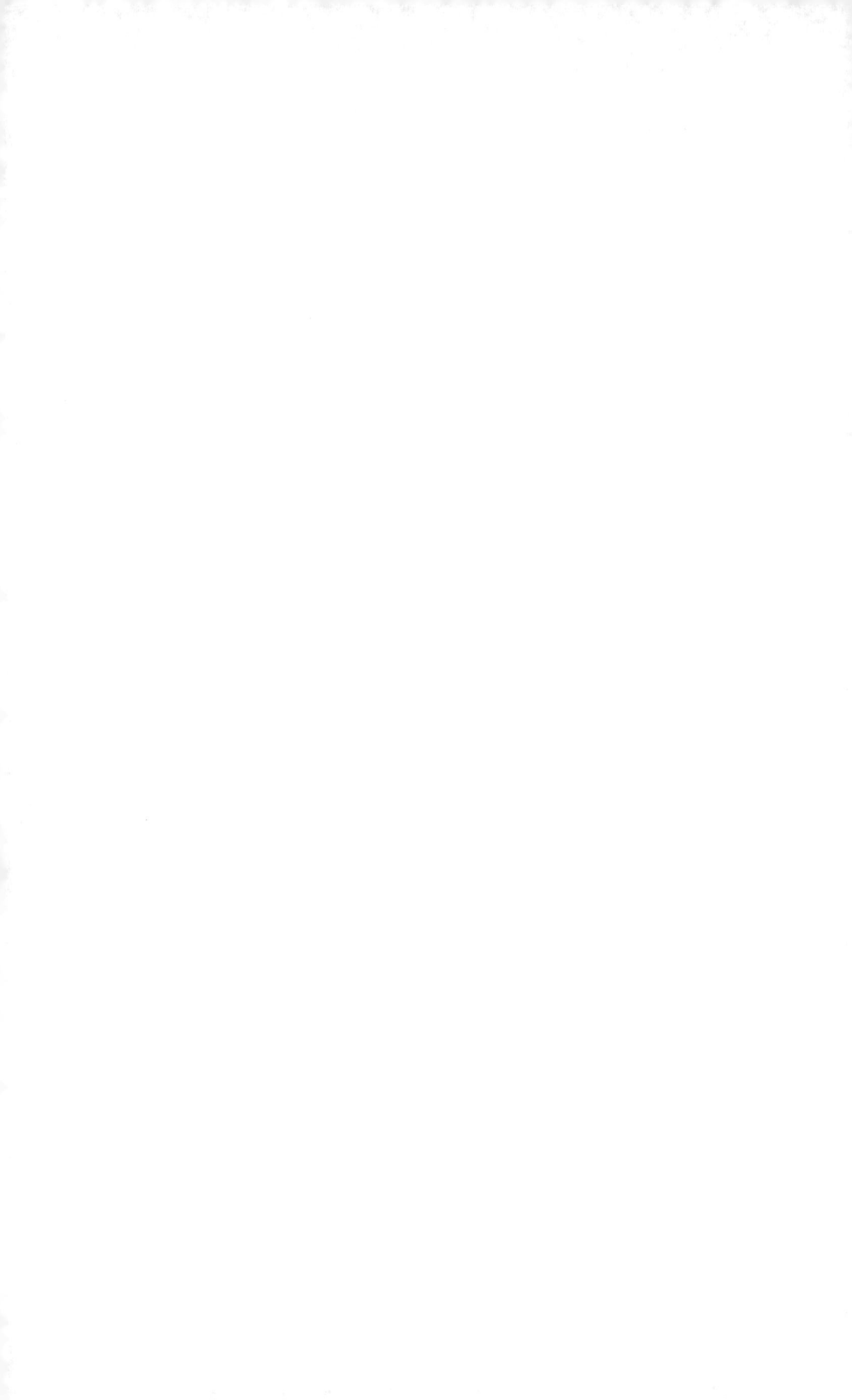

CATALOGUE

DE

TABLEAUX

PAR

BOUDIN, CÉZANNE, MAURICE DENIS, GAUGUIN, GUILLAUMIN,
GUILLOUX, LÉPINE, LOISEAU, MAUFRA, MONTICELLI, MORET,
SÉGUIN, VIGNON ET VOGLER

Aquarelles et Pastels

PAR

BOUDIN, GUSTAVE DORÉ, GUILLAUMIN, JEANNIOT, MAUFRA,
RENOIR, VAN MARCKE

DESSINS REHAUSSÉS, DESSINS ET PASTELS

PAR

ANQUETIN, BAUDRY, COROT, DAUMIER, DAUBIGNY, DELACROIX,
FALGUIÈRE, FROMENTIN, FORAIN, IBELS, E. ISABEY, MAUFRA,
MANET, J.-F. MILLET, LOUIS MORIN, H. PILLE, TH. ROUSSEAU,
STEINLEN ET WILLETTE

DONT LA VENTE AURA LIEU

HOTEL DROUOT, SALLE N° 9

Le Samedi 2 Décembre 1899

à deux heures et demie précises

COMMISSAIRE-PRISEUR	EXPERT
Mᵉ LÉON TUAL	**M. L. MOLINE**
56, rue de la Victoire, 56	20, rue Laffitte, 20

EXPOSITION PUBLIQUE

Le Vendredi 1ᵉʳ Décembre 1899, de 1 heure 1/2 à 5 h. 1/2

CONDITIONS DE LA VENTE

Elle sera faite au comptant.

Les acquéreurs paieront *cinq pour cent* en sus des prix d'adjudication.

Paris. — Imp. de l'Art. E. Moreau et Cie, 41, rue de la Victoire.

DÉSIGNATION

PEINTURES

ANONYME

1 — *Le Grand Conseil des Singes.*

BERTON (Émile)

2 — *Paysage.*

BOUDIN (E.)

3 — *Marine; vue de Saint-Vaast.* 1892.

CÉZANNE

4 — *La Toilette.*

CHARPIN

5 — *Moutons.*

COLIN (Gustave)

6 — *Marine.*

DAUMIER (Attribué à)

7 — *Personnage.*

DENIS (Maurice)

8 — *Femme dans une Clairière.*

FILIGER

9 — *Bergère agenouillée.*

10 — *Ferme.*

GAUGUIN (Paul)

11 — *Le Calvaire.*

12 — *Femme dans la Forêt.*

13 — *Taïti.*

GIRAN (Émile)

14 — *La Confidence.*

GIRAN (Max)

15 — *Paysage.*

GUILLAUMIN

16 — *Canal de la Marne.*

GUILLOUX (Cʜ.)

17 — *La Seine à La Frette.*

18 — *La Seine, vue du Trocadéro.*

19 — *La Seine vue du Pont d'Austerlitz.*

GUILLOUX (A.)

20 — *La Meule.*

21 — *La Seine à Sartrouville.*

22 — *Paysage; effet du matin.*

23 — *Vue de Paris.*

LEROY (J.)

24 — *Deux Chats.*

LÉPINE (S.)

25 — *Issy.*

LOISEAU (G.)

26 — *Paysage.*

LOISEAU (G.)

27 — *Cascade ; écluse de Moulin.*

MAUFRA

28 — *Coup de Soleil.*

29 — *Paysage.*

?o — *Effet de Lune.*

31 — *Le gros Chêne.*

MOLS (R.)

32 — *Fleurs.*
Panneau.

MONTENARD

33 — *Paysage d'Été.*

MONTICELLI

34 — *Turcs à la Mosquée.*

MORET

35 — *Côtes de Bretagne.*

RANSON

36 — *La Baignade.*

ROY

37 — *Femme sarclant.*

SEGUIN (A.)

38 — *Deux Fillettes lisant.*

39 — *Bretonne couchée.*

VAN DE VELDE

40 — *Paysage flamand.*

VERDYEN

41 — *Le Porteur de pain.*

42 — *Souris.*

VIGNON

43 — *Paysage.*

44 — *Environs de Triel.*

VOGLER

45 — *Fleurs dans un vase de cuivre.*

46 — *Soleil couchant.*

47 — *Paysage.*

48 — *Paysage; soleil couchant.*

AQUARELLES - GOUACHES

DORÉ (Gustave)

49 — *Arbres.*

Porte le cachet de la vente.

JEANNIOT

50 — *La Remontrance.*

LUNA (Ch. de)

51 — *L'État-Major.*

52 — *Charge à la baïonnette.*

MAUFRA

53 — *Paysage.*

54 — *Paysage.*

ROY

55 — *L'Hiver.*

SEGUIN

56 — *Tête de Bretonne.*

PASTELS

BOUDIN

57 — *La Mer.*

58 — *La Mer.*

COLLIN (L.)

59 — *Paysage d'Hiver.*

60 — *Paysage.*

COLLIN (L.)

61 — *Paysage.*

62 — *Paysage.*

GUILLAUMIN

63 — *Arbres en fleurs.*

LINDER

64 — *Avant.*

65 — *Après.*

RENOIR (A.)

65 — *Femme à sa Toilette.*

VALLET (A.)

67 — *Rêverie.*

VAN MARCKE

68 — *Étude de Vache.*

DESSINS REHAUSSÉS

DAUMIER (H.)

69 — *L'Amateur d'Estampes.*
Dessin teinté de lavis.

GUERARD (H.)

70 — *Effet de lune.*
Éventail.

MORIN (Louis)

71 — *Femme à l'éventail.*
Dessin rehaussé d'aquarelle.

72 — *Vendanges.*
Dessin rehaussé d'aquarelle.

STEINLEN

73 — *Chat de gouttière.*

WILLETTE

74 — *Pour les Dames.*
Dessin à la plume, rehaussé de crayon rouge
sur papier Gilot.

DESSINS

ANQUETIN

75 — *Les Courses.*
Plume.

BAUDRY

76 — *Mercure enlevant Psyché.*
Esquisse du plafond de Chantilly.

COLIN (Gustave)
(Fusains)

77 — *Paysage.*

78 — *Paysage.*

79 — *Paysage.*

80 — *Paysage.*

81 — *Paysage.*

82 — *Paysage.*

83 — *Paysage.*

84 — *Paysage.*

85 — *Marine.*

DAUMIER (H.)

86 — *Trois Croquis à la plume.*

87 — *Trois Croquis à la plume.*

FALGUIÈRE

88 — *Étude.*

Croquis au crayon.

89 — *Étude.*

Au crayon.

FORAIN (J.-L.)

90 — *Le Tuyau.*

Croquis au crayon.

FORAIN (J.-L.)

91 — *Hésitation.*

Croquis au crayon.

FROMENTIN

92 — *Rue d'Alger.*

Fusain.
Porte le cachet de la vente.

ISABEY (E.)

93 — *La Mère de Famille.*

Conté et fusain.

MAUFRA

94 — *Marine.*

95 — *Paysage; clair de lune.*

MILLET (F.-T.)

96 — *Le Berger sur la Falaise.*

PILLE (H.)

97 — *En Hollande.*

Dessin à la plume.

ROUSSEAU (Th.)

98 — *Pastorale.*
    Éventail.
    Plume.

WILLETTE

99 — *Charité.*
    Crayons rouge et noir.

ESTAMPES

EN NOIR, EN COULEUR ET REHAUSSÉS

COROT

100 — *Paysage.*

101 — *La Danse.*
    Gravures sur verre.

DELACROIX (E.)

102 — *Le Lion rugissant.*
    Gravure sur verre.

DAUBIGNY

103 — *L'Ane.*

Gravure sur verre.

IBELS (H.-G.)

104 — *Le Cirque.*

Eau-forte rehaussée.

105 — *La Parade.*

Eau-forte rehaussée.

IBELS (H.-G.)

106 — *La Danse; parade.*

Eau-forte rehaussée.

MANET (E.)

107 — *Polichinelle.*

Lithographie en couleurs.

PILLE (H.)

108 — *L'Auberge.*

Éventail.
Eau-forte.

109 — *La Danse.*

Éventail.
Eau-forte.

WILLETTE